Stefan George

Das Jahr der Seele

Hymnen

Stefan George

Das Jahr der Seele
Hymnen

ISBN/EAN: 9783743607668

Hergestellt in Europa, USA, Kanada, Australien, Japan

Cover: Foto ©Andreas Hilbeck / pixelio.de

Manufactured and distributed by brebook publishing software (www.brebook.com)

Stefan George

Das Jahr der Seele

STEFAN GEORGE

HYMNEN

BERLIN
1890

UMSCHLAG UND TITEL DES ERSTDRUCKES
ETWAS VERKLEINERT

VORREDE DER ZWEITEN AUSGABE

Den ersten druck seiner dichtungen die vor einem jahrzehent zu erscheinen begannen reichte der verfasser freunden und gönnern als geschenk· so blieb er bis in einzelheiten der rücksicht auf die lesende menge enthoben die damals besonders wenig willens oder fähig war ein dichtwerk als gebilde zu begrüssen und zu geniessen. Heute da mit dem freudigen aufschwunge von malerei und verzierung bei uns vielerorten ein neues schönheitverlangen erwacht glaubt er den wachsenden wünschen nachgeben und auf den schutz seiner abgeschlossenheit verzichten zu dürfen. Hymnen Pilgerfahrten und Algabal führen die reihe seiner veröffentlichungen. Fast ganz in der form worin man sie früher liebgewann — mit kleinen herstellungen (änderungen oder beigaben) und mit den manchmal erbetenen wiewol oft entbehrlichen lesezeichen: so möge sich an diesen büchern ein weniges von dem erfüllen was ihnen geweissagt wurde.

HYMNEN

AN

CARL AUGUST KLEIN

DEN TRAUTEN UND TREUEN SEIT DER JUGEND

BERLIN
MDCCCXC

AUFSCHRIFT

KURZ EH ES FRÜHLING WARD BEGANN DIES LIED
BEI WEISSEN MAUERN UND IM UFERRIED
ALL UNSRES VOLKES NEUEN SÖHNEN HOLD
SPIELT DURCH EIN JAHR DER TRAUM IN BLAU UND GOLD.

WEIHE

Hinaus zum strom! wo stolz die hohen rohre
Im linden winde ihre fahnen schwingen
Und wehren junger wellen schmeichelchore
Zum ufermoose kosend vorzudringen.

Im rasen rastend sollst du dich betäuben
An starkem urduft· ohne denkerstörung·
So dass die fremden hauche all zerstäuben.
Das auge schauend harre der erhörung.

Siehst du im takt des strauches laub schon zittern
Und auf der glatten fluten dunkelglanz
Die dünne nebelmauer sich zersplittern?
Hörst du das elfenlied zum elfentanz?

Schon scheinen durch der zweige zackenrahmen
Mit sternenstädten selige gefilde·
Der zeiten flug verliert die alten namen
Und raum und dasein bleiben nur im bilde.

Nun bist du reif· nun schwebt die herrin nieder·
Mondfarbne gazeschleier sie umschlingen·
Halboffen ihre traumesschweren lider
Zu dir geneigt die segnung zu vollbringen:

Indem ihr mund auf deinem antlitz bebte
Und sie dich rein und so geheiligt sah
Dass sie im kuss nicht auszuweichen strebte
Dem finger stützend deiner lippe nah.

IM PARK

Rubinen perlen schmücken die fontänen·
Zu boden streut sie fürstlich jeder strahl·
In eines teppichs seidengrünen strähnen

Verbirgt sich ihre unbegrenzte zahl.
Der dichter dem die vögel angstlos nahen
Träumt einsam in dem weiten schattensaal..

Die jenen wonnetag erwachen sahen
Empfinden heiss von weichem klang berauscht·
Es schmachtet leib und leib sich zu umfahen.

Der dichter auch der töne lockung lauscht.
Doch heut darf ihre weise nicht ihn rühren
Weil er mit seinen geistern rede tauscht:

Er hat den griffel der sich sträubt zu führen.

EINLADUNG

Lassen wir mauern und staub!
– Sprach ladend deine güte –
Fern wo leichter und freier
Sinn und odem sich glaubt
Begehen wir die blüten-
Die auferstehungsfeier.

- Dankvoll rauhem getobe
Quälendem irren entflohn!
Wenn auch neu nur von oben
Einziger liebe lohe
Endliche rettung mir däuchte
Und dauernde leuchte.

Es war dein kindlich behagen
Gebunden an deiner seite
In frohsinn mich zu ertragen –
Ist nicht entzückend die weite
Nicht labend der morgenglanz
Auf weisser villen kranz?

Schau! bis hinan zum gipfel
Wo auf rissigem steine
Kleine kiefern wipfeln
Steigt der obstbäume bau ‧
Drunten wellen scheinen
An blumenreicher au.

Erklimmen im lauf wir den hügel!
Folge doch — höhnische rufe
Bis ich am ziele mich zeige —
Nun wieder abwärts ans ufer
Schnell! florprangende zweige
Leihen uns weisse flügel.

Rasten wir! nur eine weile!
Feucht ist das gras noch· in eile
Weiter arm in arm!
— Du hobst mir nagende plagen
Ob tiefer gefühle auch arm
In sieghaften mussetagen.

NACHMITTAG

Sengende strahlen senken sich nieder
Nieder vom wolkenfreien firmamente.
Sengende strahlen von blitzender kraft.

Die südenklare luft in mittagstille.
Längs den palästen starb der menge wimmeln
Auf der fliesen feuer-bergender fläche.
Mit stummen zinnen und toten balkonen
Die langen mauerwälle starr dastehn
Heisshauchend wie wirkende opferöfen.
In den höfen umragt von säulengängen
Der versiegten brunnen kunst versagt·
Auf beeten wo der büsche blätter sich krümmen
Halbverdorrter blumen odem lagert.

Sengende strahlen senken sich nieder
Nieder vom wolkenfreien firmamente.

Und dem Einsamen der mit entzücken sie fühlt
Der des gemaches duftender kühle entfloh
Gegenglut für zerstörende gluten suchend
Stetig sie auf scheitel und nacken scheinen
Bis er rettender schwäche erliegen darf
Hingleitend bei eines pfeilers fuss.

Sengende strahlen senken sich ˜nieder.

VON EINER BEGEGNUNG

Nun rufen lange schatten mildre gluten
Und wallen nach den lippen kühler welle
Die glieder die im mittag müde ruhten –
Da kreuzest unter säulen Du die schwelle.

Die blicke mein so mich dem pfad entrafften
Auf weisser wange weisser schläfe sammt
Wie karg und scheu nur wagten sie zu haften –
Der antwort bar zur kehrung ja verdammt!

An süssem leib im gang den schlanken bogen
Sie zur umarmung zaubertoll erschauten·
Dann sind sie feucht vor sehnen fortgezogen
Eh sie in deine sich zu tauchen trauten.

O dass die laune dich zurück mir brächte!
Dass neue nicht die fernen formen stören!
Wie ward es mir gebot für lange nächte
Treu zug um zug dein bildnis zu beschwören!

Umsonst· ein steter regen bittrer lauge
Benezt und bleicht was mühevoll ich male.
Es geht... wie war dein haar und wie dein auge?
Es geht und stirbt in bebendem finale.

NEULÄNDISCHE LIEBESMAHLE

I

Die kohle glüht· mit dem erkornen rauche
Beträufle sie! der guss verfliegt und zischt.
Dass er uns in die dichten wolken tauche
Wo frommer wunsch mit süsser gier sich mischt!

Lass auf dem lüster viele kerzen flammen
Mit schwerem qualme wie in heilgem dom·
Die hände legen schweigsam wir zusammen
Zu träumen einen melodienstrom!

Kein zarter anhauch! nein in jenen chören
Wird jungfräulicher flaum den einklang stören
Wie künsten – aber falsch – ergeben haar.

Wirf neue körner auf die opferschale!
Dass blonder wirbel unsern sinnen male
Die wissensvolle müd und wunderbar.

II

Den blauen atlas in dem lagerzelt
Bedecken goldne mond- und sternenzüge·
Auf einen sockel sind am saum gestellt
Die malachit- und alabasterkrüge.

Drei ketten eine kupferampel halten
Die unsrer stirnen falben schein verhehlt·
Uns hüllen eines weiten burnus falten
Und – dass uns nicht ein myrtenbüschel fehlt!

Bald hören wir des tranks orakellaut
Auf teppichen aus weichem haar gesponnen.
Der knabe wohl mit jedem wink vertraut

Verbeugt sich würdig vor dem hospodar..
Mir dämmert wie in einem zauberbronnen
Die frühe zeit wo ich noch könig war.

VERWANDLUNGEN

Abendlich auf schattenbegleiteten wegen
Über brücken den türmen und mauern entgegen
Wenn leise klänge sich regen:

Auf einem goldenen wagen
Wo perlgraue flügel dich tragen
Und lindenbüsche dich fächeln
Herniedertauche
Mit mildem lächeln
Und linderndem hauche!

Unter den masten auf rüstig furchendem kiele
Über der wasser und strahlen schimmerndem spiele
In glücklicher ferne vom ziele:

    Auf einem silbernen wagen
    Wo lichtgrüne spiegel dich tragen
    Und schaumgewinde dich fächeln
    Herniedertauche
    Mit frohem lächeln
    Und kosendem hauche!

Lang ist nach jauchzendem tode die sonne verschollen.
Mit den planken die brausenden wogen grollen
Und dumpfe gewitter rollen:

    Auf einem stählernen wagen
    Wo lavaschollen dich tragen
    Und grell lohe wolken dich fächeln
    Herniedertauche
    Mit wildem lächeln
    Und sengendem hauche!

EIN HINGANG

Die grauen buchen sich die hände reichen
Den strand entlang, vom wellendrang beleckt
Dem gelben saatfeld grüne wiesen weichen,
Das landhaus unter gärten sich verdeckt.

Den jungen dulder vor der windenlaube
Wohltätig milde strahlenhand bestreift·
An neues lied noch dämmert ihm ein glaube·
Sein blick ins blaue grenzenlose schweift

Wo schiffe gleiten mit erhobnen schilden·
Wo andre schlafen wehrlos· froh der bucht·
Und weit wo wolken lichte berge bilden
Er seiner wünsche wunderlande sucht..

Der lieben auge starr in tränen schaut:
Schon nahm er scheu das göttliche geschenk
Von leiser trennungswehmut nur betaut·
Der klage bar· des ruhmes ungedenk.

NACHTHYMNE

Dein auge blau, ein türkis, leuchtet lange
Zu reich dem Einen, ich verharre bange.
Den kiesel tröstet deines kleides saum.
Kaum tröstet mich ein traum.

Die alten götter waren nicht so strenge.
Wenn aus der schönen mutberauschten menge
Ein jüngling angeglüht von frommem feuer
Zu ihrem lobe liess des lichtes pfade:
So war das reine opfer ihnen teuer
So lächelten und winkten sie mit gnade.

Bin ich so ferne schon von opferjahren?
Entweiht mich süsses lüsten nach dem tode
Und sang ich nicht zu dröhnenden fanfaren
Der freudenliebe sonnen-ode?

Geruhe du nur dass ein kurzer schimmer
Aus deiner wimper brechend mich versehre:
Des glückes hoffnung misst ich gern für immer·
Nach deinem preise schlöss ich meinen psalter
Und spottete dem schatten einer ehre
Und stürbe wertlos wie ein abendfalter.

STRAND

O lenken wir hinweg von wellenauen!
Die, wenn auch wild im wollen und mit düsterm rollen
Nur dulden scheuer möwen schwingenschlag
Und stet des keuschen himmels farben schauen.
Wir heuchelten zu lang schon vor dem tag.

Zu weihern grün mit moor und blumenspuren
Wo gras und laub und ranken wirr und üppig schwanken
Und ewger abend einen altar weiht!
Die schwäne die da aus der buchtung fuhren·
Geheimnisreich· sind unser brautgeleit.

Die lust entführt uns aus dem fahlen norden:
Wo deine lippen glühen fremde kelche blühen –
Und fliesst dein leib dahin wie blütenschnee
Dann rauschen alle stauden in akkorden
Und werden lorbeer tee und aloe.

HOCHSOMMER

Ton verklang auf den altanen.
Aus den gärten klänge tönen.
Unter prangenden platanen
Wiegen sich die stolzen Schönen.
Keck in eleganten zieren
Sie am arm den kavalieren
Milder lauschen und mit süssen
Winken grüssen.

Ja die reifen die sich rühmen
Feiner kinder flink im spiel
Huldigen dem leichten stil·
Auf den lippen eitle fragen·
Von verlockenden parfümen
Hingetragen.

Pauken schweigen· sachte geigen.
Ferner tritt· es nahen reiter·
Leises traben· langsam weiter..
Zwanglos darf ein flüchtig raunen
Sie bestaunen.

Fröhliche galante leere
Feindlich trübem totenmeere·
Weise schlaffheit nur im bade
Wahre gnade.

Auf dem wasser ruderklirren·
Gondel die vorüberfuhr·
Sanfte takte sanftem klirren
Sich vereinen einer kleinen
Pompadur.

RÜCKBLICK

Noch einmal ahn ich hinterm vorhang – nachtgewirkte
nebelfahne –
Und den platanenästen – seltsam ins geweb geprägte
plane –

Das ziel vor kurzer zeit treu meinem zepter· nun schon
zauber-au·
Die Cyrus teich und gartenreich getaucht in teer und
blumentau.

Wo an der küste buchenkronen dorf und kecke villa
trennen
Und surrend leichter rehe rudel durch die waldes-
lichtung rennen.

O schiffe· stolzer schwäne schaugepräng das farben
mir bescherte·
O meer das mütterlich an meine lieder mir den glauben
mehrte.

AUF DER TERRASSE

Die hügel vor die breite brüstung schütten
Den glatten guss von himmelgrünem glase·
Die wirren wipfel und des glückes hütten.
Der göttin schatten rastet auf der vase.

Entgegen eil ich einem heissen rade.
Ein blitz: für uns ein zug von wunderstaben
Sogleich ergriffen durch erhöhte gnade·
Dann aber ach in stete nacht begraben..

Ich suche wieder die verwischten gleise.
Der göttin schatten rastet auf der vase.
O wärest wirklich du so gross und weise?
Ich quäle mich in törichter ekstase.

Triumph! du bist es· aus dem abendrote
Getauschter blicke las ich meine trauer·
Doch treu bekennend kamst du selber bote
Und stolz war unsres bundes kleine dauer.

GESPRÄCH

Nie sei mir freude an den kalten ehren:
Wenn königlich du deinen leib verbietest
Den niedren mägden die ihn dreist ergehren
Und deren du mit seufzen nur entrietest.

Vergebens musst du ja die hände ringen
Nach einem labetrunk aus hoher sfäre·
O dass um selber ihn herabzubringen
Dass einer mutter ich geboren wäre!

Herr oder flehend mögest du mich laden·
Es sollte mir kein doppel-rot entquillen·
Ich würde dich in seidenwellen baden
Auf schwerem purpur freudig dir zu willen.

Doch so kann ich mit schattenkuss nur trösten
Ich leichter wolke kind und lichter plane:
Im chaos fragen· jubeln dem Erlösten
Und dulden wie ich deine duldung ahne.

BILDER

DER INFANT

Bei schild und degen unter fahlem friese
Mit weissem antlitz lächelt der infant
In dunklem goldumgürtetem oval.
Nicht lang im damals unberührten saal
Ein zwillingsbruder: kühle bergesbrise
Sie war ein allzu rauher spieltrabant.

Doch wird er selber nimmermehr bedauern
Dass er zum finstern mann nicht aufgeschossen
Wie der und jener an den nachbarmauern·
Denn seligkeiten wurden ihm beschlossen:

Wenn vor dem mond die glasgranaten blühn
Dass eine lichte elfenmaid ihn hole·
Er folgen dürfe oft in flug und fall
Mit ihr dem treubewahrten seidenball
Der rosenfarben und olivengrün
Noch schimmert auf der eichenen konsole.

EIN ANGELICO

Auf zierliche kapitel der legende
– Den erdenstreit bewacht von ewgem rat·
Des strengen ahnen wirkungsvolle sende –
Errichtet er die glorreich grosse tat:

Er nahm das gold von heiligen pokalen·
Zu hellem haar das reife weizenstroh·
Das rosa kindern die mit schiefer malen·
Der wäscherin am bach den indigo.

Der herr im glanze reinen königtumes
Zur seite sanfte sänger seines ruhmes
Und sieger der Chariten und Medusen.

Die braut mit immerstillem kindesbusen
Voll demut aber froh mit ihrem lohne
Empfängt aus seiner hand die erste krone.

DIE GÄRTEN SCHLIESSEN

Frühe nacht verwirrt die ebnen bahnen·
Kalte traufe trübt die weiher·
Glückliche Apolle und Dianen
Hüllen sich in nebelschleier.

Graue blätter wirbeln nach den gruften.
Dahlien levkojen rosen
In erzwungenem orchester duften·
Wollen schlaf bei weichen moosen.

Heisse monde flohen aus der pforte.
Ward dein hoffen deine habe?
Baust du immer noch auf ihre worte
Pilger mit der hand am stabe?

PILGERFAHRTEN

AUFSCHRIFT

ALSO BRACH ICH AUF
UND EIN FREMDLING WARD ICH
UND ICH SUCHTE EINEN
DER MIT MIR TRAUERTE
UND KEINER WAR.

DEM DICHTER

HUGO VON HOFMANNSTHAL

IM GEDENKEN

AN DIE TAGE SCHÖNER BEGEISTERUNG

WIEN
MDCCCXCI

SIEDLERGANG

So hat ihn nicht ein strahlenpfeil betrogen:
Die mit der geissel eng aus eis geflochten
Von jedem pfad zu bannen ihn vermochten
Die winde lau nun um die stirn ihm bogen.

›Du klause manche stunden sei gemieden.
In deinen schachten lohnest du mich nimmer
Wie blau und rot auf weisser saat ein schimmer.
O wie mein sinn entschläft in ihrem frieden‹

Ihn wirren leis die bunten sonnenmale·
Den hellen bäumen folgt er ohne wende
Und ohne wissen um ein strenges ende.
Da stand er wieder in dem alten tale.

›Da tanzen sie mit grellen purpurschleifen.
Ein fuss im rain! und schwer ist nur das wühlen·
Den kalten zunder brachten sie zum schwälen·
Ich hasse sie und brenne sie zu greifen.

Was aber schau ich nach des hügels kimme!
Der treppenbogen mit den lichtgestalten
Die edlen schrittes nicht im wege halten.
Vor ihrer keine dränge meine stimme.

Ich formte früher (emsig lief die rache)
Nach meinem hange wuchs und aug und lippe·
Im hohne rief ich unter froher sippe:
Ist alle schöne so gering? ich lache.

Nun gehrt mein gram nach jeder bleichen miene·
Um eine braue steh ich nun geblendet·
Um eine wimper ist mein geist gewendet·
Um einen arm im schmuck der turmaline‹

Wie wird er heut des leides ort verlassen
Sobald die ätherblumen sich betauen?
Verschlungen in den tanz der roten frauen
Mit unbedacht in lautem jubel prassen?

Will er noch einmal missend ihre gabe
Zurück wovon er sich am tage trennte:
Ins leben seiner treuen pergamente
Bis auf dem stillen lager traum ihn labe?

Mühle lass die arme still
Da die haide ruhen will.
Teiche auf den tauwind harren·
Ihrer pflegen lichte lanzen
Und die kleinen bäume starren
Wie getünchte ginsterpflanzen.

Weisse kinder schleifen leis
Überm see auf blindem eis
Nach dem segentag· sie kehren
Heim zum dorf in stillgebeten·
Die beim fernen gott der lehren·
Die schon bei dem naherflehten.

Kam ein pfiff am grund entlang?
Alle lampen flackern bang.
War es nicht als ob es riefe?
Es empfingen ihre bräute
Schwarze knaben aus der tiefe..
Glocke läute glocke läute!

Lauschest du des feuers gesänge:
Lagert sich neben dein knie meine wange,
Mit zagen geniesst sie dein zartes warm.

Ihre kühne flammende röte
Fürderhin mir deine nähe verböte,
Ich bin in dem himmel ein sklav dem harm.

Legst in mitleid du mir die haare:
Einzige lohnung! und oft noch in fahre
Verharr ich vor deinem erhabnen stolz?

Frommen gleich die trotz ihrem grauen
Wieder und wieder beim angelus schauen
Zu einer madonna von ebenholz.

Lass deine tränen
Um ein weib·
Falsch ist dein wähnen·
Ruh und bleib!

Merk ob am boden
Schnee schon taut·
Wärmender odem
Beete baut!

Vor seine feier
Juni schliesst
Ob ohne schleier
Du sie siehst?

Lass deine tränen
Um ein weib·
Falsch ist dein wähnen
Ruh und bleib!

Die jugend
(So bedäucht es dich)
Heischet ein heisses band·
Doch tag um tag verblich
Wo ich gelassen bei dir ging und stand.

Du sprachest!
Ich erschrecke fast·
Wie! – kann entfachen
So viele glut und hast
Der leere sang· das kindesfrohe lachen!

Und danach
(Glaube mir ich litt)
Sanft noch dein finger wob·
Dein fuss so sanft noch schritt·
Erst der verschmähten ward mein volles lob.

O schwester!
Dir missfällt der ruf?
Sei wenn ich scheide
Auf nie gewandtem huf
Das rätsel ein verlöbnis für uns beide.

In alte lande laden bogenhallen
Schlanke kolonne
Und licht in dem getragne strofen schallen·
Dort sog ich sonne
Nach einer flucht aus feuchter drachen krallen.

Am rand der gärten riss mich eine nadel·
Teerose· gelbe rose!
Mit sattem schmelz und ohne weissen tadel·
Mächtige mildelose·
Schon tropfen tau beklömmen ihren adel.

Zu früh noch... will ich mich am wolgeruche
Erster veilchen beleben:
In heissen häusern ich sie spärlich suche·
Ihr in die nähe zu schweben
Erlös ich freunden duft aus meinem tuche.

GESICHTE

I

Wenn aus der gondel sie zur treppe stieg
So liess sie lässig die gewande wallen
Und wie nach grollend anerkanntem sieg
Des greisen Edlen stütze sich gefallen.

Kein sanfter ton verfing in ihrem ohr·
Bei festen sass sie eisig in den sälen·
Nur an den decken brauner engel chor
Verstand es ihr von freuden zu erzählen.

In schweren sammet hat sie sich gebauscht·
Den ersten hub aus unerhörten frachten
Und an dem reichen öle sich berauscht
Das neulings ihr die Inderschiffe brachten.

Nun hat sie in verhangenem gemach
Zu einem ruhmeslosen fant gesprochen:
Vermelde man am markte meine schmach·
Ich liege vor dir niedrig und gebrochen.

II

Ich darf so lange nicht am tore lehnen·
Zum garten durch das gitter schaun·
Ich höre einer flöte fernes sehnen·
Im schwarzen lorbeer lacht ein faun.

So oft ich dir am roten turm begegne
Du lohnest nie mich mit gelindrem tritt·
Du weisst nicht wie ich diese stunde segne
Und traurig bin da sie entglitt.

Ich leugne was ich selber mir verheissen..
Auch wir besitzen einen alten ruhm·
Kann ich mein tuch von haar und busen reissen
Und büssen mit verfrühtem witwentum?

O mög er ahnen meiner lippe gaben
– Ich ahnte sie seit er als traum erschien –
Die oleander die in duft begraben
Und andre leise schmeichelnd wie schasmin.

Ich darf so lange nicht am tore lehnen·
Zum garten durch das gitter schaun·
Ich höre einer flöte fernes sehnen·
Im schwarzen lorbeer lacht ein faun.

MAHNUNG

Du folgst der horde die dich tosend lud
Zum thron aus grellem gelbem seidenstoff
Und rohem gold das oft von blute troff
Inmitten trümmersee und flammensud.

Nun weihe jede lust und jeden mord!
Dein wille rasend wie der gischt am fels
Erfreut sich am verheererischen nord
Und spottet klarer luft und klaren quells.

Vor deinen schuhen stammelt man den eid·
Entführte weiber weinen ihren gram
Und eine· wirr im schrecken· ohne scham
Zerreisst vor deinem herrenblick ihr kleid.

Wie feile kiese bieten sich dir dar
Koralle perle demant und smaragd·
Die priesterin in züchtigem talar
Verneigt sich grüssend: siehe deine magd.

Und einsam gibst du dir ein wildes spiel:
Wann sich dein haar in niedrer lache nässt·
Dein stolz mit wonne in die furchen fiel
Die der gemeinen tiere klaue lässt..

War so denn wirklich dein erstritten land?
O überhöre jenen lockungschrei
Und sag nicht dass dein leid dein führer sei
Und wechsel nicht ein würdiges gewand.

Die märkte sind öder und saiten und singende schweigen.
  Wie hab ich heiss gespäht
In kirchen palästen bei festlichem spiel oder reigen
  Und tränen ausgesät
  Da sie mir stets entfloh!
Auch hier nicht! und doch ich kann mich genau noch entsinnen:
Wie winkten mir schon auf der wandrung so lang diese zinnen
  Und so verheissungsfroh!

Ich muss aus der stätte wo keinerlei gnaden mir warden
  Durch wüsten weiterfliehn.
Hinan und hinunter verletzen mich härene karden
Und schwellende blätter wie schlangen am boden ziehn.

  An dieser höhe saum
Entdeck ich auf ihrem haupt eine grünende insel.
  Da steht ein thujabaum.
  Gebüsche ranken am rande.
Von droben wie aus der kindlichen meister pinsel
Erstrecken sich türme und brücken und städte und lande.
  Wie manches neue ziel!
Der abend in ockerfarbenem leuchten verfloss.
Der kelch einer zeitlose duftete vor er sich schloss
  Und weisses manna fiel.

Mächtiger traum dem ich zugetraut
Dass seine töchter zu treuen gespielen
Mehr denn der irdischen eine gefielen:

Lange hab ich ihnen zugeschaut.

Nächtig verlockende gleissende pfauen·
Spender von gierig erwartetem grauen·
Morgens lerchen mit heftigem schlag

Aber würdig wie der klare tag·

Lag im vergnügen an fasslichen tönen
Die mir seit monden im munde dröhnen
Zu neuer erscheinung ein keim?

Kehr ich nun zu wahren auen heim?

Schweige die klage!
Was auch der neid
Zu den gütern beschied.
Suche und trage
Und über das leid
Siege das lied!

So will es die lehre.
Er tat es in ehre
Schon wieder ein jahr.
Der ost wie der süd
Ein täuscher ihm war
Und nun ist er müd.

Am fuss einer eiche
Da schuf er ein grab
Für mantel und stab·
Sie wurden zur leiche:
Nun rüst ich zur fahrt
Von fröhlicher art.

Dann brach der damm
Verhaltenen quellen·
Sein auge ward feucht
Er stöhnte... mir deucht
Ich soll auch am stamm
Meine leier zerschellen.

Lass der trauer kleid und miene
Wenn ich neuen trost auch meide:
So versankest du im leide
Dass er halb ein hohn erschiene.

Aber mit dem grimme ringen
Wann die menschen froh sich einen
Dient es? wann die bronnen springen
Ewig mit dem mond zu weinen?

Ob ein sturm auch eben tose
Und ein lied vom winter pfeife:
Sieh es keimt noch manche rose
Noch bedarf das korn der reife.

Spenden nicht die kühlen finger
Leise lust mit ihrem froste?..
Sei verjährter fahrten singer
Dass der klangdraht uns nicht roste!

Ihr alten bilder schlummert mit den toten·
Euch zu erwecken mangelt mir die macht·
Die wahren auen wurden mir verboten·
Nun kost ich an verderbnisvoller pracht.

Getroffen von berauschenden gerüchten
Erblick ich in dem blauen wiesental
Die reiher weiss und rosafarben flüchten
Zum nahen see der schläft und glänzt wie stahl.

Da schritt sie wie im ebenmass der klänge·
Ihr hochgestreckter finger hielt und hob
Der bergenden gewänder seidenstränge
Die sie bei nacht aus weidenflocken wob.

O weises spiel durch diese hüllen ahnen!
In meinen sinnen blieben wir ein paar
Bevor sie hinter blumigen lianen
Zum nahen see hinabgeglitten war.

NEUER AUSFAHRTSEGEN

Als noch verheissung mich ins ferne schickte·
In lichten schlafen ich die braut ersann·
Da tatest du mich einen tag in bann
An dem ich dich als ihren boten blickte.

Da langsam heisse gier nach ihr erstickte·
Ich in entsagung frieden fast gewann·
Sprich ob es gute fügung heissen kann
Wenn nochmal mir dein auge nieder nickte..

Ich schreite durch den dom zum mittelthron·
Auf goldnen füssen qualmen harz und santel·
Mein sang ist schallend wie zu orgelton·

Zur salbung fliess· mein eigen siedend blut!
Wo find ich wieder meinen pilgermantel?
Wo find ich wieder meinen pilgerhut?

Dass er auf fernem felsenpfade
Sich einsam in dem lichte bade·
Dass er dem laub dem wasser lausche
Und dass der klage klang verrausche·
Dass er in sturmes trieb sich stähle
Und heiter sich die heimat wähle!

    Aber durch wessen verwünschung und welche
    Tücke gelangt er bei nacht an ein moor?
    Auf dem leise sich neigenden stengel
    Ragt aus dem ried eine lilje hervor·
    Flügel wiegen im milchweissen kelche.
    Böser engel· verführender engel!

Der wandrer wankt im guten wege·
Im schilfe ward ein raunen rege·
Den langen schattenzug der rüstern
Verfolgt er jeder heilung bar·
Sein auge flackert irr im düstern·
Die winde wirren ihm das haar.

Die frühe sonne küsst noch ohne feuer
Den kies der langsam seine feuchte gibt
Im heim das seiner herrin immer teuer
Sobald sie kühlung und den frieden liebt.

Sie wandelt aus der blau berankten tür
Durch ihre nelken astern und reseden
– Ihr haucht auch noch wie vormals für und für:
Du bist die königin im blumeneden? –

Ihr fliegend band verscheucht die schmetterlinge·
Die beiden palmen zucken vor dem wind·
Verdrossen wittern sie den stolz der dinge
Die nur zum blühen aufgesprossen sind.

VERJÄHRTE FAHRTEN

I

Zwischen wälder über täler
Wallten wir mit ernstem wort·
Mehrten kindlich mit erröten
Unsrer sünden leichte mäler
Wollten uns aus unsren nöten
Retten an dem gnadenort.

Stille hoffnung hehre führung
Uns der wege müh versüssten
Bis wir o mit welcher rührung
Die geweihten türme grüssten!

Und wir sanken keines spottes
Achtend als der abend mild
In den farbenfenstern glomm
Auf die fliesen streng und fromm
Noch vor keinem muttergottes-
Sondern vorm erlöserbild.

II

Kein tritt kein laut belebt den inselgarten·
Er liegt wie der palast im zauberschlaf·
Kein wächter hisst die ehrenden standarten·
Es floh der fürst der priester und der graf.

Denn aus dem flusse blasen fieberdünste·
Ein feuer fällt· ein feuer steigt empor
Und um der ziergewächse welke künste·
Um alle farben spinnt ein grauer flor.

Jedoch der Fremde bangt erwartungsvoller·
Er geht den pfad am taxushag hinan..
Kein schein von einem blauen sammetkoller
Von einem kinderschuh aus saffian?

III

Wir jagen über weisse steppen·
Der trennung weh verschwand im nu·
Die raschen räder die uns schleppen
Führen ja dem frühling zu.

Die nacht voll rollender gedanken·
Ich weiss... und wie nach spätem schlaf
Als vor dem licht die nebel sanken
Matter schein die scheiben traf·

Wo farren gräser junge palmen
Ganz aus kristall sich aufgestellt
Mit ähren moosen schachtelhalmen·
Wundersame pflanzenwelt!

Beträufelt an baum und zaun
Ein balsam das sprocke holz?
Verspäteter sonnen erglühn
Die herbstlichen farben verschmolz
Rotgelb· gesprenkeltes braun
Scharlach und seltsames grün.

Wer naht sich dem namenlosen
Der fern von der menge sich härmt?
In mattblauen kleidern ein kind..
So raschelt ein schüchterner wind
So duften sterbende rosen
Von scheidenden strahlen erwärmt.

An schillernder hecken rand
Bei dorrenden laubes geknister
Und lichter wipfel sang
Führen wir uns bei der hand
Wie märchenhafte geschwister
Verzückt und mit zagendem gang.

DIE SPANGE

Ich wollte sie aus kühlem eisen
Und wie ein glatter fester streif·
Doch war im schacht auf allen gleisen
So kein metall zum gusse reif.

Nun aber soll sie also sein:
Wie eine grosse fremde dolde
Geformt aus feuerrotem golde
Und reichem blitzendem gestein.

ALGABAL

ALBERT SAINT-PAUL

DEM DICHTER UND DEM FREUND

IN LANGEN ERLEBNISSEN

UND GENIESSENDEM KÜNSTLERTUM

PARIS
MDCCCXCII

AUFSCHRIFT

DEM GEDÄCHTNIS LUDWIGS DES ZWEITEN

ALS MEINE JUGEND MEIN LEBEN HOB IN SOLCH EIN LICHT
KAM SIE ERSTAUNEND DEINEM NAH UND LIEBTE DICH.
NUN RUFT EIN HEIL DIR ÜBERS GRAB HINAUS ALGABAL
DEIN JÜNGRER BRUDER O VERHÖHNTER DULDERKÖNIG

IM UNTERREICH

Ihr hallen prahlend in reichem gewande
Wisst nicht was unter dem fuss euch ruht –
Den meister lockt nicht die landschaft am strande
Wie jene blendend im schoosse der flut.

Die häuser und höfe wie er sie ersonnen
Und unter den tritten der wesen beschworen
Ohne beispiel die hügel die bronnen
Und grotten in strahlendem rausche geboren.

Die einen blinken in ewigen wintern·
Jene von hundertfarbigen erzen
Aus denen juwelen als tropfen sintern
Und flimmern und glimmen vor währenden kerzen.

Die ströme die in den höheren stollen
Wie scharlach granat und rubinen sprühten
Verfärben sich blässer im niederrollen
Und fliessen von nun ab wie rosenblüten.

Auf seeen tiefgrün in häfen verloren
Schaukeln die ruderentbehrenden nachen·
Sie wissen auch in die wellen zu bohren
Bei armige riffe und gähnende drachen.

Der schöpfung wo er nur geweckt und verwaltet
Erhabene neuheit ihn manchmal erfreut·
Wo ausser dem seinen kein wille schaltet
Und wo er dem licht und dem wetter gebeut.

Der saal des gelben gleisses und der sonne.
Sie herrscht auf flacher kuppel unter sternen,
In blitzen schnellen aus dem feuerbronne
Topase untermengt mit bernstein-kernen.

An allen seiten aufgereiht als spiegel
– Gesamter städte ganzer staaten beute –
Die ungeschmückten platten goldnen ziegel
Und an der erde breiten löwenhäute.

Nur nicht des Einen scharfen blick zu blenden
Vermag die stechend grelle weltenkrone
Und dreimal tausend schwere urnen spenden
Den geist von amber weihrauch und zitrone.

Daneben war der raum der blassen helle
Der weisses licht und weissen glanz vereint·
Das dach ist glas· die streu gebleichter felle
Am boden schnee und oben wolke scheint.

Der wände matte täfelung aus zedern·
Die dreissig pfauen stehen dran im kreis·
Sie tragen daunen blank wie schwanenfedern
Und ihre schleppen schimmern wie das eis.

Für jede zier die freunden farbenstrahlen:
Aus blitzendem und blinderem metall·
Aus elfenbein und milchigen opalen·
Aus demant alabaster und kristall·

Und perlen! klare gaben dumpfer stätte
Die ihr wie menschliche gebilde rollt
Und doch an einer wange warmer glätte
Das nasse kühl beharrlich wahren sollt.

Da lag die kugel auch von murra-stein
Mit der in früher jugend er gespielt·
Des kaisers finger war am tage rein
Wo tränend er sie vor das auge hielt.

Mein garten bedarf nicht luft und nicht wärme ·
Der garten den ich mir selber erbaut
Und seiner vögel leblose schwärme
Haben noch nie einen frühling geschaut.

Von kohle die stämme · von kohle die äste
Und düstere felder am düsteren rain ·
Der früchte nimmer gebrochene läste
Glänzen wie lava im pinien-hain.

Ein grauer schein aus verborgener höhle
Verrät nicht wann morgen wann abend naht
Und staubige dünste der mandel-öle
Schweben auf beeten und anger und saat.

Wie zeug ich dich aber im heiligtume
– So fragt ich wenn ich es sinnend durchmass
In kühnen gespinsten der sorge vergass –
Dunkle grosse schwarze blume?

TAGE

Wenn um der zinnen kupferglühe hauben
Um alle giebel erst die sonne wallt
Und kühlung noch in höfen von basalt
Dann warten auf den kaiser seine tauben.

Er trägt ein kleid aus blauer Serer-seide
Mit sardern und saffiren übersät
In silberhülsen säumend aufgenäht·
Doch an den armen hat er kein geschmeide.

Er lächelte· sein weisser finger schenkte
Die hirsekörner aus dem goldnen trog·
Als leis ein Lyder aus den säulen bog
Und an des herren fuss die stirne senkte.

Die tauben flattern ängstig nach dem dache
›Ich sterbe gern weil mein gebieter schrak‹
Ein breiter dolch ihm schon im busen stak·
Mit grünem flure spielt die rote lache.

Der kaiser wich mit höhnender gebärde ..
Worauf er doch am selben tag befahl
Dass in den abendlichen weinpokal
Des knechtes name eingegraben werde.

Gegen osten ragt der bau
Wo dem grossen Zeus zu frönen
Toller wunder fremde schau
Und die würde sich versöhnen.

Tänzer öffnen das geleit
In verführenden gewändern.
Knaben die ein opfer feit
In den sonnenschlaffen ländern·
Macht aus öl- und palmenlaub
Vor des priesters fuss ein kissen·
Streuet sand und silberstaub
Tote liljen und narzissen!

An der schwelle haltet rast
Wo das heilige bild entschleiert
Nur sich gibt dem einen gast
Der es oft und innig feiert·
Nur sein mund gebete lallt·
Auch kein bruder sei zugegen:
Spricht des gottes zwiegestalt
Seinen immergleichen segen.

Junge stimmen· ferner hall.
Narden die verflüchtet irren
Durch der räuche strengen quall
Zu dem kuss der süssen mirren.

O mutter meiner mutter und Erlauchte
Wie mich so ernster worte folge stört:
Dein tadel weil mein geist nicht dir gehört
Dass ich ihn achtlos ohne tat verhauchte.

Gedenkt es dir wie viele speere pfiffen
Als ich im Osten um die krone rang
Und lob und vorwurf dem Verwegnen klang
Der damals noch die erde nicht begriffen?

Nicht ohnmacht rät mir ab von eurem handeln.
Ich habe euren handels wahn erfasst.
O lass mich ungerühmt und ungehasst
Und frei in den bedingten bahnen wandeln.

Und wolle nicht den bruder mir entfremden
– Erkannt ich doch im schlaf dein augenmerk? –
Du fesselst eifrig ihn an blödes werk·
Dein zwang verkleidet ihn mit sklavenhemden.

Sieh ich bin zart wie eine apfelblüte
Und friedenfroher denn ein neues lamm·
Doch liegen eisen stein und feuerschwamm
Gefährlich in erschüttertem gemüte.

Hernieder steig ich eine marmortreppe·
Ein leichnam ohne haupt inmitten ruht·
Dort sickert meines teuren bruders blut·
Ich raffe leise nur die purpurschleppe.

Becher am boden·
Lose geschmeide·
Frauen dirnen
Schlanke schenken
Müde sich senken·
Ledig die lende
Busen und hüfte·
Um die stirnen
Der kränze rest.

Schläfernder broden
Traufender düfte·
Weinkönig scheide!
Aller ende
Ende das fest!

Rosen regnen.
Purpurne satte
Die liebkosen?
Weisse matte
Euch zu laben?
Malvenrote.
Gelbe tote:
Manen-küsse
Euch zu segnen.

Auf die schleusen!
Und aus reusen
Regnen rosen.
Güsse flüsse
Die begraben.

Da auf dem seidenen lager
Neidisch der schlummer mich mied
So bringt keine wundersager
So will ich kein lullendes lied
Der mädchen attischer lande
Was mir vor monden gefiel.
Nun schlingt mich in eure bande
Flötenspieler vom Nil.

Ich lag in äthergezelten
Ich ass von himmlischem brot·
Ihr sanget die flucht aus den welten
Ihr sanget vom glorreichen tod
Bevor die brennenden lider
Endlicher schlummer befiel.
Entrückt und tötet mich wieder
Flötenspieler vom Nil.

So sprach ich nur in meinen schwersten tagen:
Ich will dass man im volke stirbt und stöhnt
Und jeder lacher sei ans kreuz geschlagen.
Es ist ein groll der für mich selber dröhnt.

Ich bin als einer so wie sie als viele·
Ich tue was das leben mit mir tut
Und träf ich sie mit ruten bis aufs blut:
Sie haben korn und haben fechterspiele.

Wenn ich in ihrer tracht und mich vergessend
Geheim in ihren leeren lärm gepasst
– Ich fürchte – hab ich nie sie tief gehasst·
Der eignen artung härte recht ermessend.

Dann schloss ich hinter aller schar die riegel·
Ich ruhte ohne wunsch und mild und licht
Und beinah einer schwester angesicht
Erwiderte dem schauenden ein spiegel.

Graue rosse muss ich schirren
Und durch grause fluren jagen
Bis wir uns im moor verirren
Oder blitze mich erschlagen.

Auf dem samenlosen acker
Viele helden stumm verbleichen·
Nur das russende geflacker
Loher fichten ehrt die leichen.

Schmal in regelgraden ketten
Rinnen ziegelrote bäche·
Seufzen singt aus ihren betten·
Hohler wind umkreist die fläche.

Aufgelöst im sande wühlend
Frauenhaare· dichte strähnen..
Frauentränen wunden kühlend·
Reiche tränen — wahre tränen?

Agathon knieend vor meinem pfühle·
Deine wimper spricht da dein mund sich schloss.
Dass ich von ihr den feuchten schleier spüle
Was soll ich o mein bruder mein genoss?

Wenn es den über-leuchtenden adern
Vor staub und den rauhen winden graut
So sollst du mit dem himmel nicht hadern
Der an dem hehren spiel sich erbaut.

Nimm als lohn dass vor dir nur kranken
Die stolzen glieder zur urne gar·
Es ziemt nicht in irdischer klage zu wanken
Uns die das los für den purpur gebar.

Lärmen hör ich im schläfrigen frieden:
Horde die zu gehorchen vergisst.

›Schreckt dich das schlimme sternwort der Iden?‹
Widriges melden die schlangen· doch wisst:

Euer gebieter ist von euch geschieden
Ehe die stadt sich zu murren vermisst.

Schall von oben!
Sind es hörner· sind es harfen
Die mich hoben
Und in grüfte niederwarfen?

Wie betreten
Und als ob ein gott mich zwänge
Muss ich beten
Syrer während eurer sänge.

Leise triller· verjüngen gesunden.
Laute stösse· mit lachen vergeuden.
Gelle striche· die bohrenden wunden
Helle schläge· die brennenden freuden.

Weise Syrer
Werd ich dankend euch vertreiben?
Ihr verführer
Noch im leben zu verbleiben!

DIE ANDENKEN

Grosse tage wo im geist ich nur der herr der welten hiess·
Arger tag wo in der heimat meine tempel ich verliess!

Dort beriet ich mit den göttern über ihren höchsten plan
Ihre kinder stiegen nieder mir zu lust und untertan.

O so werde wieder knabe der im haine ruhe sucht·
Inne hält er eben bang vor eigener gedanken wucht.

Mit der feinen kühnen blässe· schweren wechseljahres spur·
Trätest du an meine seite mit mir und kein schatten nur!

Fern ist mir das blumenalter
Wo die zähre noch genuss.
Starb im reif der sommerfalter
Dem ein atem schon ein kuss?

Der auf gras und klee und garbe
Und in reiche gärten flog·
Einen hauch von duft und farbe
Rasch aus allen blüten sog?

Dem die nacht ein gut erteilte
Das er tags umsonst erspäht·
Den sie mit der hoffnung heilte
Dass ihn doch die tulpe lädt.

Kommt er wieder mit der meisen
Mit der lerchen erstem ton?
Wird er neu den juni preisen
Schläft er oder starb er schon?

Jahre und vermeinte schulden..
Wisch die zeichen ihrer hiebe·
Kind erkoren von den Hulden
Zu der völker heil und liebe.

Heimgekehrter sieger rotte
Beugten sich vor deiner schöne·
Ihrem jugendlichen gotte
Jubelten die erdensöhne

Die der ehre dank erwiesen
Neben solchem hort zu wohnen
Wenn du auf den jaspis-fliesen
Weihtest vor bekränzten thronen.

Männer weinten frauen stöhnten
Unter deines tempels türe·
Glühend baten die gehöhnten
Dass dein kleid ihr haar berühre –

Eh dein grösster ruhm ersterbe
Schmücke dich im weissen bade
Dass er noch zum wettbewerbe
Alle hermen vor sich lade.

Am markte sah ich erst die würdevolle
Die schönste aus der weissen schwestern zug·
Wie fürstenmantel hing die schlichte wolle
Um ihres nackens ihrer schulter bug.

Im schauspiel dann als sich die opfer mehrten
Und zügellos die menge beifall rief·
Die todberufenen den cäsar ehrten:
Ihr auge blieb gelassen streng und tief.

Wenn ich der kurzen werbung rausch bedenke!
Ich riss die priesterin von dem altar·
Und alle länder brachten brautgeschenke·
Ich bot in bächen gold und balsam dar..

Und zweifelnd ob das neue glück mir werde
Erfand ich nur den quell der neuen qual..
Ich sandte sie zurück zu ihrem herde·
Sie hatte wie die anderen ein mal.

Ich will mir jener stunden lauf erzählen:
Die kinder unterm feigenbaum entschlafen
Nach unbedachtem seligem vermählen.
Mich kümmerten der kalten väter strafen.

Wol! da ich euch den starken tropfen gönnte
Aus meinem treuen ringe der mir diene
Wenn es bei einer dämmerung mir schiene
Dass ich die sterne nicht mehr schauen könnte.

Begnadete! da ich euch gütig nahte
Und kein erwachen euch ein glück ermattet
Das nur der traum so herrlich euch gestattet
Als ich es jezt aus euren zügen rate.

Fühl ich noch dies erste ungemach·
Sündig eilte fremden stapfen nach
Der um sie den schönsten traum zerbrach:

Wenn mir neulich vor die sinne tritt
Wie ich früh vom gram am tiefsten litt
Bei den gräbern pochend ›führt mich mit‹:

Deucht er heut mir fast geschwind und sacht·
Halt ich dich sogar in milder acht·
Trübster tröster· sohn der nacht!

Ob denn der wolken-deuter mich belüge
Und ich durch opfer und durch adlerflüge?

Dass niemals dieser knospe keusche lippe
Vom windgeführten seim der freundin nippe·

Dass sie im schwall der salben und gewürze
Des schwülen kerkers weile sich verkürze·

Besprengt vom saft des hanfes und der rebe
Die trägen adern zu beleben strebe

Und flehend bis sie welke stehen bleibe
Vor einer säule sprödem marmorleibe.

VOGELSCHAU

Weisse schwalben sah ich fliegen,
Schwalben schnee- und silberweiss,
Sah sie sich im winde wiegen,
In dem winde hell und heiss.

Bunte häher sah ich hüpfen,
Papagei und kolibri
Durch die wunder-bäume schlüpfen
In dem wald der Tusferi.

Grosse raben sah ich flattern,
Dohlen schwarz und dunkelgrau
Nah am grunde über nattern
Im verzauberten gehau.

Schwalben seh ich wieder fliegen,
Schnee- und silberweisse schar,
Wie sie sich im winde wiegen
In dem winde kalt und klar!

ANHANG

Die drei abteilungen dieses bandes wurden anfangs für den verfasser als einzelne hefte (je hundert) gedruckt: Hymnen Berlin 1890, wobei sein name zum erstenmal hervortritt, Pilgerfahrten Wien 1891, Algabal Paris 1892 – alle in gleicher ausstattung von der das beigegebene vorblatt einen begriff gibt. Hymnen auf graugelbem, Pilgerfahrten auf rötlichem, Algabal auf weissem büttenähnlichem papier. Weiteres über die besonderheit der ausstattung wird an anderer stelle gesagt werden. Einige wenige stücke erhielten später den aufdruck: Im Verlag der Blätter für die Kunst und kamen in den buchhandel. Von Algabal bestand auf etwas stärkerem papier eine vorausgabe in zehn stücken die eine reihe von druckfehlern enthielt und kaum mehr aufzufinden ist. Auszüge brachten Bl. f. d. K. I. F. I. B. und die Münchener Allgemeine Kunstchronik 1894 Nr. 23. Die erste öffentliche ausgabe der drei werke in einem band erschien bei Georg Bondi 1899.

In den ersten ausgaben fehlten alle widmungen und aufschriften sowie die gedichte: Beträufelt an baum und zaun. (S. 82 zuerst Bl. f. d. K. I. F. I. B.) Lärmen hör ich.. (S. 110) Fühl ich noch dies erste.. (S. 120). Die zweite und dritte strofe des gedichtes: Jahre und vermeinte schulden.. (S. 116) standen in umgekehrter folge.

Noch seien hier die früheren fassungen von drei stärker umgebildeten gedichten angereiht die von manchen freunden vorgezogen wurden. Von einer vollständigen aufzählung der abweichungen musste wiederum abgesehen werden.

Dass er auf fernem felsenpfade
Sich einsam in dem lichte bade
Dass er dem laub dem wasser lausche
Und dass der klage klang verrausche
Dass er in sturmes trieb sich stähle
Und heiter sich die heimat wähle

Aber durch wessen verwünschung und welche
Tücke gelangt er bei nacht an ein moor?
Auf dem leise sich neigenden stengel
Ragt aus dem ried eine lilje hervor
Flügel wiegen im milchweissen kelche ·
Böser engel verführender engel
Deines armes bläulicher schein
Lädt er zum tod in der tiefe nicht ein!

Der wandrer wankt im guten wege
Im schilfe ward ein raunen rege
Den langen schattenzug der rüstern
Verfolgt er jeder heilung bar
Sein auge flackert irr im düstern
Die winde wirren ihm das haar

FRÜHERE FASSUNG DES GEDICHTES S. 75

IM PARK

Rubinen perlen schmücken die fontänen
Zu boden streut sie fürstlich jeder strahl
In eines teppichs seidengrünen strähnen

Verbirgt sich ihre unbegrenzte zahl·
Der dichter dem die vögel angstlos nahen
Träumt einsam in dem weiten schattensaal

Die jenen wonnetag erwachen sahen
Empfinden heiss von weichem klang berauscht
Es schmachtet leib und leib sich zu umfahen

Der dichter auch der töne lockung lauscht
Doch heut darf ihre weise nicht ihn rühren
Mit seiner geisterwelt er rede tauscht

Er hat den griffel der sich sträubt zu führen

Der saal des gelben gleisses und der sonne:
Sie herrscht auf flacher kuppel unter sternen
Nach ohmen schnellen aus dem feuerbronne
Topase untermengt mit bernstein-kernen

An allen seiten aufgereiht zu spiegeln –
Gesamter städte ganzer staaten beute –
Die ungeschmückten platten goldnen ziegeln
Und an der erde breiten löwenhäute

Nur nicht des Einen scharfen blick zu blenden
Vermag die stechend grelle weltenkrone
Und dreimal tausend schwere urnen spenden
Den geist von amber weihrauch und zitrone

HANDSCHRIFTPROBEN

(DER INFANT)

Bei schild und degen unter fahlem friese
Mit weissem antlitz lächelt der infant
In dunklem goldumgürteten oval.
Nicht lang im damals unberührten saal,
Ein zwillingsbruder. Kühle bergesbrise
Sie war ein allzurauher spieltrabant

Doch wird er selber nimmermehr bedauern
Dass er zum finstern mann nicht aufgeschossen
Wie der und jener an den nachbarmauern
Denn seligkeiten wurden ihm beschlossen

Wenn vor dem mond die glasgranaten blühn
Dass eine lichte elfenmaid ihn hole
Er folgen dürfe oft in flug und fall
Mit ihr den treubewahrten seidenball
Der rosenfarben und olivengrün
Noch schimmert auf der eichenen console.

DIE GÄRTEN SCHLIESSEN

Frühenacht verwirrt die ebnen bahnen
　Kalte haufe trübt die weiher
Glückliche Apolle und Dianen
　Hüllen sich in nebelschleier

Graue blätter wirbeln nach den grüften
　Dahlien levkojen rosen
In erzwingenem orchester duften
　Wollen schlaf bei weichen moosen

Heisse monde flohen aus der pforte
　Ward dem hoffen deine habe?
Baust du immer noch auf ihre worte
　Pilger mit der hand am stabe?

Nun geht mein gram nach jeder bleichen miene
Um eine braue steh ich nun geblendet
Um eine wimper ist mein geist gewendet
Um einen arm im schmuck der turmaline –

Wie wird er heut des leides ort verlassen
Sobald die äherblumen sich betauen?
Verschlungen in den tanz der roten frauen
Mit unbedacht in lautem jubel prassen

Will er noch einmal missend ihre gabe
Zurück wovon er sich am tage trennte
Ins leben seiner treuen pergamente
Bis dass auf stillem lager traum ihn labe.

PILGERFAHRTEN S. 54 u. 55
(ERSTE REINSCHRIFT)

Mühle lass die arme still
Da die haide ruhen will
Teiche auf den tauwind harren
Ihrer pflegen lichte lanzen
Und die kleinen bäume starren
Wie getönchte ginsterpflanzen

Weisse kinder gleiten leis
Uberm see auf blindem eis
Nach dem segentag · Sie kehren
Heim ins dorf in stillgebeten
Die zum fernen gott der lehren
Die schon zu dem naherflehten

Kam ein schiff am grund entlang
Alle lampen flackern bang
¿ War es nicht als ob es riefe
Es empfingen ihre bränke
Schwarze knaben aus der tiefe
Glocke läute glocke täute

Agathon knieend vor meinem pfühle
Deine wimper spricht da dein mund sich schloss
Dass ich von ihr den feuchten schleier spüle
Was soll ich o mein bruder mein genoss

Wenn es den überleuchtenden adern
Vor staub und den rauhen rinden graut
So sollst du mit dem himmel nicht hadern
Der an dem hehren spiel sich erbaut

Nimm als lohn dass vor dir nur kranken
Die holden glieder zur urne gar
Es ziemt nicht in menschlicher klage zu wanken
Uns die das los für den purpur gebar

VOGELSCHAU

Weisse schwalben sah ich fliegen
Schwalben schnee und silberweiss
Sah sie sich im winde wiegen
In dem winde hold und heiss

Bunte häher sah ich hüpfen
Papagei und Kolibri
Durch die wunderbäume schlüpfen
In dem wald der Thusferi

Grosse raben sah ich flattern
Dohlen schwarz und dunkelgrau
Nah am boden über nattern
Im bezauberten verhau

Schwalben sah ich wieder fliegen
Schnee und silberweisse schar
Wie sie sich im winde wiegen
In dem winde kalt und klar

INHALT

TITELBLATT DES ERSTDRUCKS DER HYMNEN
VORREDE 5

HYMNEN

WIDMUNG 9
AUFSCHRIFT 10
WEIHE 12
IM PARK 14
EINLADUNG 16
NACHMITTAG 20
VON EINER BEGEGNUNG 22
NEULÄNDISCHE LIEBESMAHLE 25
   I. Die kohle glüht· mit dem erkornen 26
   II. Den blauen atlas in dem lagerzelt . . . 27
VERWANDLUNGEN 28
EIN HINGANG 30
NACHTHYMNE 32
STRAND 34
HOCHSOMMER 36
RÜCKBLICK 38
AUF DER TERRASSE 40
GESPRÄCH 42
BILDER 45
   DER INFANT 46
   EIN ANGELICO 47
DIE GÄRTEN SCHLIESSEN 48

PILGERFAHRTEN

AUFSCHRIFT	52
WIDMUNG	53
SIEDLERGANG	54
Mühle lass die arme still	57
Lauschest du des feuers gesänge	59
Lass deine tränen	60
Die jugend	61
In alte lande laden bogenhallen	62
GESICHTE	63
I. Wenn aus der gondel sie zur treppe stieg	64
II. Ich darf so lange nicht am tore lehnen	65
MAHNUNG	66
Die märkte sind öder	68
Mächtiger traum dem ich zugetraut	69
Schweige die klage	70
Lass der trauer kleid und miene	72
Ihr alten bilder schlummert mit den toten	73
NEUER AUSFAHRTSEGEN	74
Dass er auf fernem felsenpfade	75
Die frühe sonne küsst noch ohne feuer	76
VERJÄHRTE FAHRTEN	77
I. Zwischen wälder über täler	78
II. Kein tritt kein laut belebt den inselgarten	79
III. Wir jagen über weisse steppen	80
Beträufelt an baum und zaun	82
DIE SPANGE	83

ALGABAL

WIDMUNG	87
AUFSCHRIFT	88
IM UNTERREICH	89
Ihr hallen prahlend in reichem gewande	90
Der saal des gelben gleisses und der sonne	93
Daneben war der raum der blassen helle	94
Mein garten bedarf nicht luft und nicht wärme	96
TAGE	97
Wenn um der zinnen kupferglühe hauben	98
Gegen osten ragt der bau	100
O mutter meiner mutter und Erlauchte	102
Becher am boden	104
Da auf dem seidenen lager	106
So sprach ich nur	107
Graue rosse muss ich schirren	108
Agathon kniend vor meinem pfühle	109
Lärmen hör ich im schläfrigen frieden	110
Schall von oben	111
DIE ANDENKEN	113
Grosse tage	114
Fern ist mir das blumenalter	115
Jahre und vermeinte schulden	116
Am markte sah ich erst die würdevolle	118
Ich will mir jener stunden lauf	119
Fühl ich noch dies erste ungemach	120
Ob denn der wolken-deuter mich belüge	121
VOGELSCHAU	123

ANHANG

1. FRÜHERE FASSUNG DES GEDICHTES S. 75 127
2. FRÜHERE FASSUNG DES GEDICHTES S. 14 128
3. FRÜHERE FASSUNG DES GEDICHTES S. 93 130

HANDSCHRIFTPROBEN

4. HYMNEN S. 46 132
5. HYMNEN S. 48 133
6. PILGERFAHRTEN S. 54 u. 55 134
7. PILGERFAHRTEN S. 57 135
8. ALGABAL S. 109 136
9. ALGABAL S. 123 137

PLAN DER GESAMT-AUSGABE

1. BAND: Die Fibel: die erste ausgabe vermehrt um einige kleinere gedichte. Als Anhang wiedergabe einiger handschriften. Bild: Medaillon-Jugendbildnis in kupferdruck. (Erschienen Dezember 1927.)
2. BAND: Hymnen. Pilgerfahrten. Algabal: vermehrt um die lesarten aus der ersten ausgabe. Als Anhang wiedergabe einiger handschriften. Als Vorblatt probeseite des titels der Hymnen. (Erschienen Juli 1928.)
3. BAND: Die Bücher der Hirten und Preisgedichte, der Sagen und Sänge und der Hängenden Gärten: in derselben weise wie 2. Band.
4. BAND: Das Jahr der Seele: gleichfalls mit den lesarten. Als Anhang einige probeseiten der handschrift und erste fassung von gedichten. Mit Bild. (Erschienen Februar 1928.)
5. BAND: Der Teppich des Lebens und die Lieder von Traum und Tod mit einem Vorspiel. Als Anhang einige probeseiten der handschrift. Bild: Zeichnung von Melchior Lechter.

6/7. BAND (Doppelband): Der Siebente Ring: wie beim 5. Band mit den lesarten aus den ›Blättern für die Kunst‹ und dem ›Gedenkbuch‹. Als Anhang proben aus der handschrift.

8. BAND: Der Stern des Bundes: mit den lesarten aus den ›Blättern für die Kunst‹. Als Anhang einige seiten der handschrift.

9. BAND: Die neue Gedicht-sammlung. (Für 1928.)

10/11. BAND (Doppelband): Dante-Übertragungen mit wiedergaben aus der autographierten ausgabe und der handschrift.

12. BAND: Shakespeare-Sonette: vermehrt um einige Sonette aus dem Passionate Pilgrim.

13/14. BAND (Doppelband): Baudelaire-Umdichtungen: Die Blumen des Bösen. Vermehrt um drei neue gedichte. Als Anhang: Wiedergabe der ersten (autographierten) ausgabe.

15. BAND: Zeitgenössische Dichter I: vermehrt um einige Rossetti-gedichte.

16. BAND: Zeitgenössische Dichter II: vermehrt um einige neue stücke von Verlaine und Mallarmé.

17. BAND: Tage und Taten: vermehrt um einige neue stücke.

18. BAND: Szenen aus Manuel und anderes meist in dramatischer form.

DIESES WERK WURDE ALS DER
ZWEITE BAND DER GESAMT-
AUSGABE IM JUNI 1928 BEI
OTTO VON HOLTEN BERLIN
IN ST-G-SCHRIFT GEDRUCKT
.